Cte RENÉ DE MORGAN

1893

PRIX : 75 CENTIMES

PARIS

NOUVELLE LIBRAIRIE PARISIENNE
ALBERT SAVINE, ÉDITEUR
12, RUE DES PYRAMIDES. 12

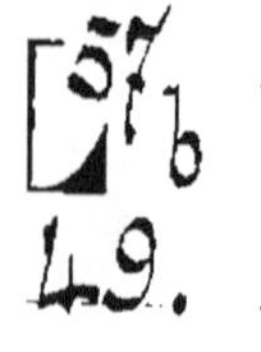

1893

C^{TE} RENÉ DE MORGAN

1893

PARIS

NOUVELLE LIBRAIRIE PARISIENNE

ALBERT SAVINE, ÉDITEUR

12, RUE DES PYRAMIDES, 12

1892

DÉDIÉ PAR L'AUTEUR

à MM. Édouard Drumont et le marquis de Morès,

ses inspirateurs.

1893

I

LETTRES A M. ÉDOUARD DRUMONT

Bordeaux, le 10 août 1892.

Monsieur,

Vous êtes certainement un des hommes les plus occupés de ce temps. Si cette lettre un peu longue vous effraie, faites-en bon marché et allez droit à la conclusion, que je me permets de vous recommander tout spécialement.

Parmi les généreuses idées soutenues par le journal que vous dirigez avec un talent voisin du merveilleux, une des plus séduisantes est sans contredit le magnifique programme humanitaire trop brièvement exposé par M. de Morès ; mais la *Libre Parole* ne le laisse-t-elle pas un peu trop dormir ? S'il était jour-

nellement vulgarisé et commenté par la pléïade
d'hommes vaillants et sincères dont vous êtes
le chef éminent, la cause du travailleur exploité,
que vous défendez si noblement, serait irrésistible, et vous rallieriez la quasi-unanimité
des gens qui ont un cœur.

Vous êtes fatalement invincible, parce que
la cause de l'opprimé contre l'oppresseur est
la plus juste et la plus sainte des causes. Mais
vos ennemis sont puissants, et nul moyen ne
leur répugne pour endiguer l'influence de
votre parole.

Vous avez dit excellemment que l'origine
de la fortune scandaleuse de certains accapa-
reurs, juifs pour la plupart, et devenus par
leur puissance néfaste un danger indéniable
pour le pays, serait l'objet d'une revision
consciencieuse et impartiale. Eh bien, à l'ouvrier rangé, au petit rentier qui ne vous lit
pas, la *Libre Parole* est représentée, au mépris de la bonne foi la plus élémentaire, comme
l'organe de vulgaires partageux, ennemis de
tout ce qui possède.

On affecte de ne pas comprendre que vous n'en voulez qu'aux biens mal acquis par des gens sans patrie, au détriment de la France et retournés contre elle ; que l'épargne honnêtement amassée dans un labeur quotidien sera respectée et encouragée comme elle le mérite.

Vous avez dit que les travailleurs des villes et des campagnes, autant et plus que tous autres, avaient droit, *sous certaines garanties et dans une mesure à définir*, au crédit de la France ; que c'était le seul moyen de supprimer le prolétariat et son cortège de navrantes misères.

Beaucoup de gros usiniers et manufacturiers attaquent avec violence cette digue future à leurs appétits féroces ; mais d'autres aussi font taire ce que leurs intérêts auraient d'excessif devant les grands principes de la solidarité humaine.

Quant à l'homme désintéressé dans la question, exempt de partis pris politiques et prenant le bien et le beau où il les trouve, il éprouve un sentiment irrésistible d'admiration mêlée de respect pour des hommes qui, riches ou indépendants pour la plupart, mènent gaiement cette lutte gigantesque contre tous les abus, et consacrent les loisirs qu'elle leur laisse à la recherche, dans l'attrayant domaine de la philanthropie, de formules aussi lumineuses.

A n'en pas douter, le crédit de la France doit profiter à tous les Français concourant, par leur travail, à sa prospérité ! Maintenant que l'idée est lancée, elle paraît presque naïve, à force d'évidence !

Oui, le Socialisme que vous préconisez est digne de soulever tous les enthousiasmes. Mais des adversaires sans scrupules, dénaturant le sens que vous donnez à ce mot, le brandissent auprès des gens paisibles comme une arme contre vous. C'est pourquoi je souhaite voir la *Libre Parole* l'expliquer et le faire aimer comme il le mérite par ceux qui aiment le beau, et ils sont légion dans notre beau pays de France.

Assurément cette conception de l'ouvrier possesseur, pour une certaine part, de l'outil-

lage, ne va pas sans soulever bien des objec-
tions, au point de vue du capitaliste, lequel
devra compter avec cette nouvelle concur-
rence. Mais en conscience, entre la stricte
justice pour tous, et la protection pour les
puissants, entre assurer le nécessaire aux
travailleurs, et le luxe facile par la fortune
rapide aux employeurs, l'homme désintéressé
peut-il hésiter ?

Et puis, quoi de plus consolant que cette
vision de la famille reconstituée sous l'égide
de son chef, à l'abri de la misère qui la guette
au premier accident, au moindre chômage?
de la mère de famille gardant son foyer, affran-
chie des dures veillées ? Et qu'on ne vienne
pas arguer de la fin des journaliers, des simples
salariés, car jeunes gens au-dessous de vingt
un ans, femmes sans enfants et jeunes filles
seront là pour répondre à tous les besoins.

Et quelle force la France ne puisera-t-elle
pas dans la question sociale résolue, alors
qu'elle est grosse de menaces pour l'ennemi
héréditaire !

C'est beau de faire l'aumône, mais la société est-elle quitte vis-à-vis du déshérité, quand elle a fait pour lui l'abandon d'une partie de son superflu, dont seules quelques épaves arrivent à destination ?

Non, évidemment. La charité publique est un palliatif, mais combien se refusent, par fierté, à en user, et préfèrent mourir ? Et pour celui qui cède à la nécessité, combien de tristes réflexions ?

Voici un homme qui a peiné sans relâche pour faire vivre sa famille, survient un accident ou une maladie : il n'a d'autre ressource que d'abandonner les siens pour aller frapper à la porte de l'Assistance publique, et voilà une famille désagrégée, désorientée, en proie à la misère, comme si sa douleur ne lui suffisait pas !

La société a une mission plus haute. Elle ne doit pas seulement à l'ouvrier malade ou blessé un faible secours qui ne s'accommode pas toujours avec sa fierté. Elle doit mettre le travailleur en mesure de se suffire au cours

d'une vie toute de labeur ; elle doit sauvegar-
der sa dignité d'homme. C'est de toute justice,
et c'est possible, grâce au programme de la
Libre Parole : la France est assez riche pour
y faire face, et nourrir tous ses enfants.

Les loups ne se mangent pas entre eux,
chacun sait ça ; est-ce qu'on ne pourra pas
bientôt en dire autant des hommes, et surtout des généreux Français ?

Arrière la conception juive du bétail humain
pressurable à merci !

S'il est des oreilles que l'intérêt immé-
diat rend sourdes au cri d'humanité de leur
conscience, elles feront, devant la raison, les
concessions qu'on leur arracherait un jour
brutalement, et peut-être dans le sang.

Je conclus. Il faut qu'aux prochaines élections une imposante majorité de députés
arrive au Palais-Bourbon investie d'un mandat
aussi impératif que drumontiste. Il est urgent
pour cela que la *Libre Parole* soit répandue à
profusion dans les campagnes.

Je ne suis pas partisan de la création d'organes drumontistes qui, malgré toute leur bonne volonté, et tout en mettant au service de la Vérité la même sincérité, n'y pourraient mettre la même somme de talents. Mais je voudrais voir fonctionner, parallèment à votre journal, *une « Œuvre du service gratuit de la Libre Parole »*, service limité d'abord aux communes de France, aux hameaux, puis s'étendant, à mesure que l'argent affluerait, aux particuliers pauvres ou indifférents.

Je suis bien loin d'être riche, mais si mon idée a la bonne fortune d'être adoptée par vous, je m'inscris de grand cœur pour la somme de cinquante francs.

Je vous prie d'agréer, monsieur, avec mes souhaits de prompte victoire, le tribut de ma respectueuse admiration.

Signé : ERGENEL [1],
inutile,
ami attendri de ceux qui souffrent.

---

[1] Pseudonyme de l'auteur.

Bordeaux, le 19 août 1892.

MONSIEUR DRUMONT,

Je suis et je reste un admirateur de votre personne, de votre talent et de votre journal. Mais votre article de ce jour, intitulé *le Chef des Droites*, et parlant de la question sociale, n'est vraiment pas tendre pour les pauvres hommes qui changent d'opinion.

J'en ai pris ma bonne part, car je suis dans ce cas : après avoir été royaliste, je suis devenu socialiste ; ça a beau rimer, ça n'est pas la même chose. Et je vous ai même adressé, il y a une dizaine de jours, une lettre, peut-être égarée, traitant de socialisme.

Eh bien, croyez-moi, monsieur Drumont, on peut changer d'opinion sans intérêt et en toute sincérité.

Pour moi, autrefois royaliste passionné, un excès de souffrance morale, occasionné par

des attaques mal définies et sur lesquelles je
n'avais pas de prise, m'inspira une grande
sympathie pour tous mes frères en souffrance,
physique ou morale. De là au socialisme, il
n'y avait qu'un pas : dès qu'une formule me
paraissant juste fut lancée par la *Libre Parole*,
je l'ai franchi avec enthousiasme.

Je ne puis pourtant pas être suspect de
briguer les suffrages des électeurs : incapable
d'*économie* pour moi-même et n'ayant jamais
su faire chevaucher un maravédis d'un mois
sur l'autre, j'ignore le premier mot de l'*économie* politique la plus élémentaire, ayant
toujours été très peu friand des travaux intel-
lectuels ; et si parfois, je crois, quand le sujet
s'y prête, ma plume vibre un peu, ma parole
n'est sûrement pas éloquente, pas même
facile.

Aussi m'a-t-il été pénible de me reconnaître
pour faire partie de ces hommes aussi durement malmenés par vous : ils ne sont pas
tous indistinctement poussés par l'intérêt.

Je crois même que, parmi les penseurs,

les hommes dont les idées ne se modifient pas entre vingt et trente ans sont bien rares, surtout s'ils sont déjà enclins à adopter avec fougue tout ce qui leur paraît un progrès.

Votre admirateur quand même.

Signé : ERGENEL.

II

L'ŒUVRE DE M. DRUMONT

La France souffrait d'un mal latent, mais indéniable ; indéfini, mais mortel.

A M. Drumont l'honneur impérissable d'avoir découvert ce mal et indiqué le remède ! d'avoir attaché le grelot, fertile en conséquences probables pour le bien du pays, de l'Esprit Juif.

Quand les passions seront calmées, il sera le Français qui tiendra le plus de place en la fin de ce siècle.

En tous cas, et dès à présent, nul ne peut de bonne foi discuter l'indomptable polémiste en tant que le plus puissant et le plus véridique évocateur des hommes et des choses contemporaines ; il est à ce point de vue le plus hardi et le plus judicieux coordonnateur d'idées, et il joint à ces qualités rares la magie de la classification et de la comparaison des faits à travers les âges, ce qui fait de ses bulletins journaliers les causeries les plus attachantes qui soient.

Je reconnais bien volontiers, avec beaucoup d'autres, car je le sais par expérience, qu'il y a de bons Juifs et de très méprisables chrétiens.

Mais je suis aussi, je l'avoue, de ceux qui ne croient pas facile à une maison de banque de gagner trois milliards en quatre-vingts ans par des moyens très... catholiques. (Soit dit sans autre animosité contre le banquier Rothschild, que le plus parfait mépris, seule réplique possible à la grossièreté dont il fit preuve en ne répondant pas à une lettre, cependant recommandée, à lui écrite il y a vingt mois, en termes très courtois, sinon très expérimentés, par une personne de ma connaissance, qui le valait bien).

Quoi qu'il en soit, tout homme sans parti pris, qui voudra bien ouvrir les yeux à l'évidence, sera obligé de reconnaître, avec le directeur de la *Libre Parole*, que, relativement à leur petit nombre en France, les Juifs figurent, dans les affaires véreuses ou anti-humanitaires, en immense majorité.

Est-ce à dire que, pour remédier à un état de choses assurément déplorable, il faille recourir à la violence contre les personnes?

Ici je réponds hardiment : Non.

Des lois suffiront, dont l'arsenal entier ressort de la collection de la *Libre Parole*.

Après la très juste inquisition prédite par M. Drumont, et dirigée contre les écrasantes fortunes si scandaleusement acquises en ces derniers temps ;

Après les confiscations au profit de l'État, qui en seront la suite, et l'expulsion des Juifs restés allemands de cœur ;

Après la soumission à la France de la Banque du crédit français ;

Après l'institution du crédit ouvrier ;

Après le remaniement du code et son appli-
cation par une magistrature élue;

Après une grande extension des cas de pour-
suites en matière de malversations financières
et d'exactions commerciales, cas motivant sans
exception l'arrestation immédiate suivie de
peines moins banales couronnées par l'expulsion;

Après, donc, l'accomplissement de toutes
ces réformes, je crois que les vampires futurs
de l'épargne et du travail populaires seraient
suffisamment muselés, et les antisémites les
plus difficiles seraient satisfaits.

Voyons, monsieur Drumont, vous, le flétris-
seur de massacres, vous n'êtes assurément
pas un sanguinaire ! et vous ne souhaitez pas
une Saint-Barthélemy réfléchie, qui, heureuse-
ment, ne serait plus dans nos mœurs : ceux
qui vous connaissent par vos lumineux écrits
ne le croiront jamais, malgré certaines phrases
un peu cruelles !

Aussi vous vois-je avec peine, sans patron-
ner la violence, en parler parfois comme d'une

ère inévitable dans l'évolution prochaine, alors que je crois fermement à la possibilité de cette évolution par de simples lois.

Comme vous je suis un sincère, et vous comprendrez, j'en suis sûr, que j'aie le souci de préciser ma pensée : je n'en ai pas moins pour votre œuvre l'admiration qu'elle inspire à tout Français indépendant.

III

LES DEUX ORDRES

Qui donc, en l'an de grâce 1892, parle de quatrième état ?— Quelque Mathusalem oublié par l'aile du Temps et surnageant attardé en une fin de siècle marquée, par le doigt de Dieu, pour le réveil du plus beau des sentiments : la solidarité humaine.

Courage et patience à celui qui souffre, et salut à ses vrais amis, riches ou pauvres !

Il n'y a plus, il ne peut plus y avoir, en ce temps de réalisme, et malgré toutes les distinctions, que deux grands états : celui des prolétaires et celui des assurés du lendemain, celui des heureux et celui des déshérités, celui des Bourgeois et celui du Peuple.

Il faut que tous deux tendent de plus en plus vers la fusion en un seul : l'état de tous les Français.

Arrière la brutale aristocratie de l'argent ! la plus odieuse — dans toutes les classes de la société — des aristocraties !

Moins est élevé le milieu où elle règne, et plus elle se fait durement sentir !

Il faut que le travailleur soit libre par le travail, et que le bien-être ne soit plus qu'une question de degrés, basée sur une aisance plus ou moins grande, mais toujours honorablement acquise.

Par contre, en même temps que de ses droits, il faut que l'homme se pénètre de ses devoirs : la société a le droit, elle aussi, de se défendre, et d'assigner à celui qui recule devant ses obligations un pays lointain où son action dissolvante ne puisse pas nuire à ses compatriotes.

Que celui qu'effraie le rude labeur se fasse cocher de maître, valet de chambre : il pourra ainsi, au prix de sa qualité d'homme libre, couler des jours plus doux. Mais alors, ne concourant plus directement au crédit de la France, il ne pourra prétendre qu'au crédit de son maître, comme l'agent d'une ville ne pourra compter que sur cette ville, et comme, en général, tout salarié d'un homme ou d'un groupe d'hommes — n'étant pas lié, solidairement avec un nombre déterminé de collègues, par un contrat passé avec l'État, — ainsi que le seront les groupes d'ouvriers coassociés et libres, sous certaines garanties d'administration [1], — n'aura de recours possible qu'auprès de son employeur.

Et quand, au repos du dimanche, le travailleur pourra, entouré de ses enfants, mettre la poule au pot, il n'enviera pas le riche désœuvré qui chaque jour essaie, avec une persévérance digne d'un meilleur sort, de déguster le chapon truffé régulièrement refusé par un estomac délabré.

Vivent Drumont, Morès, leurs amis et tous les amis de la Justice!

[1] Voir les discours du marquis de Morès.

Vive le droit à l'existence pour tous ceux qui travaillent !

A l'égout toutes les tartuferies, et vive la Vérité !

Assez longtemps le sophisme bourgeois du possédant a régné en maître sur la masse électorale éblouie, et confiante en de belles promesses.

Le moment est venu des concessions franchement et sincèrement voulues, et ce serait folie pour chacun — riche ou pauvre, gros fonctionnaire ou modeste salarié, — qu'essayer d'en retarder l'heure.

Il ne faut plus de ces faux amis du Peuple, de ces faux prophètes de la Justice qui, après avoir déclamé de grandes formules à l'aspect équitable, après avoir proclamé l'égalité de tous les Français devant la loi et ses charges, entassent, sous forme d'articles additionnels, et pour se soustraire à leurs effets, eux et leurs amis, toutes les roueries enfantées par des imaginations aussi fantaisistes qu'ingénieuses.

Des temps sont proches, où il deviendra dangereux de leurrer le pays en faisant miroiter en paroles à ses yeux l'illusion décevante d'un régime libéral, pour qu'elle s'évanouisse en fumée dès qu'on passe aux actes.

Il est encore possible d'arriver à l'harmonie sociale dans la paix des partis, mais il faut se hâter : aux électeurs de s'en pénétrer et d'agir, sans attendre qu'un déchaînement des fureurs populaires vienne, en creusant au milieu des excès des abîmes infranchissables entre les citoyens, rendre impossible pour de longues années encore toute solution. Au suffrage universel de choisir des hommes qui, disposés à mettre toutes leurs facultés à son service, lui soient connus par leur droiture et leur énergie.

Vive une république gouvernée par des Cassagnac convaincus de l'impossibilité, à jamais démontrée par la loi du nombre, d'une restauration monarchique dans le pays !

A quoi bon troubler sa tranquillité et risquer de compromettre gravement ses intérêts en poursuivant un but hors d'atteinte ?

Vive le droit, pour les descendants de nos glorieux rois, de réintégrer leur chère France sous serment solennel de fidélité à la Constitution et de renoncement à tout emploi public ou mandat électif!

Vive l'amnistie politique!

Vive la France!

––––––

Jusque dans les réjouissances publiques, le prolétaire est berné.

Pour l'ouvrier, c'est-à-dire pour la majorité de la nation, quelle amère dérision que les fêtes dites nationales!

Outre qu'ils sont trop rarement choisis parmi les dates — si nombreuses pourtant dans notre histoire, et même dans notre Révolution! — susceptibles de faire battre à l'unisson tous les cœurs français, — ces anniversaires ou centenaires tendent à être offerts au Peuple avec une prodigalité vraiment ruineuse pour lui.

Ces fêtes chômées sont pour le législateur,

pour le fonctionnaire, des journées où il goûte, sans préjudice pour son traitement, un plaisir sans mélange, souvent agrémenté de banquets officiels; mais croit-on que l'ouvrier envisage ces fêtes de la même façon?

C'est par un déficit dans un budget déjà maigre, qu'à la fin de la semaine elles se soldent pour lui! Et s'il était consulté, il s'en tiendrait souvent à son dimanche.

Quelle plaisanterie de mauvais goût que de dire au travailleur : « Demain, tu vas te réjouir », et du même coup, de lui supprimer son modeste salaire!

C'est très joli de décréter des jours fériés, mais au moins faudrait-il s'arranger de manière qu'ils soient réellement fériés pour tout le monde.

Le Gouvernement, qui les ordonne, ne pourrait-il chercher, d'accord avec les patrons, un terrain d'entente à ce sujet?

En tous cas, un dilemne s'impose : ou bien moins de fêtes, ou bien plus de sollicitude pour la façon dont le déshérité les passe.

IV

1893

Voici venir 1893, ô Peuple ! 1893, ce centenaire — que tu peux rendre mémorable à
jamais — d'une année sanglante et lugubre,
où un roi qui fut bon et généreux autant qu'il
était faible, courageux — en un long martyre
sans exemple — autant que fièrement résigné
et magnanime avec simplicité en face de l'in-
gratitude, — porta sa tête sur l'échafaud.

Ne te laisse pas aller à la violence, ô Peuple !
ne te souille pas dans le sang ! N'as-tu pas le
bulletin de vote ?

Aie confiance en ta force ; imite le calme
du lion, qui, troublé dans son sommeil par le
lionceau voisin, se rendort pacifiquement sans
songer à l'écraser de sa griffe puissante : tu

serais embarrassé de ta triste victoire, et elle se retournerait contre toi.

Abhorre le sang si cruellement versé, en des luttes sacrilèges avec tes frères de la belle armée qui ne doit marcher, que contre les ennemis de la France !

Fie-toi à Drumont, à Morès : ce sont de vrais amis. Ne les confonds pas avec Boulanger, qui fut ambitieux : eux ne demandent rien, qu'un repos bien gagné succédant un jour à l'accomplissement de la noble tâche qu'ils se sont imposée : la conquête de ton bonheur, ô Peuple !

Aux élections de 1893, suis leurs conseils désintéressés, et vote pour les Français qu'ils te désigneront ; la victoire est à ce prix : je te la souhaite de tout mon cœur.

Et toi, heureux et pas méchant Bourgeois avec ou sans ruban, avec ou sans nom ronflant — héritage aussi respectable qu'inoffensif d'un Passé bien mort — et ne présageant plus rien de la valeur de l'homme, — en attendant ce centenaire décisif, recueille-toi.

La joie fait mal à celui qui a faim : modère

les accords bruyants de valse entraînante et les gais éclats de rire que lance ton hôtel, alors que devant sa façade passe un homme qui cherche du pain pour ses enfants ! Sors un peu de leurs dorures à tes chevaux fringants, alors qu'à ton côté passe une jeune mère, la tête dans les épaules et le cou tordu, sous le poids du panier trop lourdement chargé ! Au nom de l'humanité, tu ne pourras plus désormais, sans remords, afficher tout ton luxe, avant que la sombre misère *imméritée* soit à jamais bannie de tout foyer français.

Et quand sonnera l'heure de la consultation du Pays, vote avec le Peuple ; tu auras ainsi la douce satisfaction d'avoir mérité sa reconnaissance, tandis que tu ne gagnerais rien à voter contre lui : il est le nombre, et devant l'urne, c'est le nombre qui fait la loi !

Après notre régénération, et alors seulement, chacun goûtant les bienfaits d'un libéralisme éclairé, et n'étant plus ni aigri par les injustices de la vie, ni égaré par les passions, il nous sera loisible de rendre justice à nos

morts et de nous souvenir que, descendants
des hommes de 1789, nous sommes aussi
petits-fils des hommes de 1793. Autant
qu'aucun des bons Français nous honorerons
Louis XVI, sans faux scrupules ; nous lui
élèverons des monuments, et ceux-là même
dont les ancêtres votèrent sa mort, voudront
pour lui, là où il fut guillotiné, la plus colos-
sale des statues, croyant ainsi, avec raison,
rehausser la mémoire des leurs en rachetant
la cruauté commise en un jour d'égarement.

Alors enfin nous mettrons un terme à ce
constraste étrange, — et, à coup sûr, mal fait
pour flatter l'amour-propre national, — qui
consiste à glorifier dans le présent des princes
étrangers et à leur faire fête, avec raison d'ail-
leurs, quand ils viennent chez nous, tandis que
nous nous évertuons à rabaisser le caractère
des nôtres, non seulement dans le présent,
mais encore dans le passé.

Imprimerie de Saint-Denis. — H. Bouillant, 20, rue de Paris.

9 782011 760579